I0022034

ISO27001/ISO27002

Guida tascabile

ISO27001/ISO27002

Guida tascabile

ALAN CALDER

IT Governance Publishing

È stato fatto ogni possibile sforzo per garantire che le informazioni contenute in questo libro siano accurate al momento della stampa. L'editore e l'autore declinano qualsiasi responsabilità in caso di errori od omissioni, qualunque sia la loro origine. Le opinioni espresse in questo libro sono quelle dell'autore, non dell'editore. I siti Web identificati sono forniti solo a scopo informativo e non costituiscono approvazioni da parte nostra. La visita dei medesimi è a esclusivo rischio del lettore. L'editore e l'autore declinano qualsiasi responsabilità derivante da eventuali perdite o danni subiti da un soggetto che agisce, od omette di agire, come conseguenza dei presenti contenuti.

Fatto salvo il trattamento equo per scopi di ricerca o studio privato, critica o revisione, come contemplato dal Copyright, Designs and Patents Act 1988, è rigorosamente vietato riprodurre, conservare o trasmettere, in qualsivoglia forma e con qualsiasi mezzo, la presente pubblicazione senza il previo consenso scritto dell'editore. L'attività di reprografia è soggetta alle condizioni delle licenze rilasciate dalla Copyright Licensing Agency. Per qualsiasi domanda sulla riproduzione dei contenuti della pubblicazione al di fuori dei suddetti termini, si prega di contattare l'editore al seguente indirizzo:

IT Governance Publishing
IT Governance Limited
Unit 3, Clive Court, Bartholomew's Walk
Cambridgeshire Business Park
Ely, Cambridgeshire
CB7 4EA
United Kingdom

www.itgovernance.co.uk

© Alan Calder 2017

L'autore ha affermato i diritti di autore ai sensi del Copyright, Designs and Patents Act, 1988, per essere identificato come autore di questo lavoro.

Prima pubblicazione nel Regno Unito nel 2008 ad opera di
IT Governance Publishing

ISBN 978-1-84928-912-2

PREMESSA

Lo Standard ISO/IEC 27001:2013 è la norma internazionale per i Sistemi di Gestione della Sicurezza delle Informazioni (SGSI). Strettamente connessa a ISO/IEC 27002:2013, questa norma (talvolta denominata la norma SGSI) può aiutare le organizzazioni a soddisfare tutti gli obiettivi di conformità alle normative concernenti le informazioni oltre che consentire loro di porre le basi in vista di nuove normative emergenti.

Le informazioni sono la linfa vitale delle imprese odierne. Pertanto, garantirne la protezione ma al tempo stesso la disponibilità a quanti necessitino di accedervi è essenziale per le moderne operazioni di business. In genere i sistemi informativi non sono progettati fin dall'inizio per garantire la sicurezza dei dati. Le misure tecniche di sicurezza e le liste di controllo possono proteggere solo in misura limitata un sistema informativo completo. I sistemi di gestione e i controlli procedurali sono i componenti essenziali di qualsiasi sistema informativo che possa definirsi realmente sicuro e, per essere efficaci, necessitano di un'attenta progettazione e una meticolosa cura per i dettagli.

La norma ISO/IEC 27001 offre la specifica per la realizzazione di un SGSI e, nella relativa Raccolta di Prassi, la ISO/IEC 27002, essa attinge alle conoscenze di un gruppo di professionisti esperti in sicurezza delle informazioni e operanti in una vasta gamma di imprese di un certo rilievo in più di 40 paesi per impostare le migliori prassi da seguire nel campo della sicurezza delle informazioni. Un sistema conforme a ISO27001 fornirà un approccio sistematico volto a garantire la disponibilità, la riservatezza e l'integrità delle informazioni aziendali. I controlli della norma ISO27001 si basano sull'identificazione dell'intera gamma di rischi potenziali che minacciano gli asset informativi dell'organizzazione con lo scopo di contrastarli. Questa indispensabile guida tascabile alla ISO 27001/ISO27002 fornisce un'utile panoramica su due importanti norme sulla sicurezza delle informazioni.

L'AUTORE

Alan Calder è un autore di spicco di testi dedicati alla IT Governance e alla sicurezza delle informazioni. È amministratore delegato della IT Governance Limited, l'unico per l'accesso a libri, strumenti, formazione e consulenza in tema di IT Governance, gestione dei rischi e conformità.

La sua è una voce autorevole a livello internazionale in tema di gestione della sicurezza delle informazioni e di ISO27001 (ex BS7799), la norma internazionale per la sicurezza. con il collega Steve Watkins, Alan ha composto la guida completa alla conformità, *IT Governance: An International Guide to Data Security and ISO27001 / ISO27002*, la cui 5a edizione è stata pubblicata nel 2012. Quest'opera si basa sulla sua esperienza positiva (la prima al mondo) di attuazione della norma BS7799, - che precede la norma ISO27001 - e che costituisce la base del corso post-laurea sulla sicurezza delle informazioni della Open University britannica.

Tra gli altri volumi editi da Alan vi sono: *The Case for ISO27001* e *Nine Steps to Success: An ISO27001:2013 Implementation Overview*, oltre a libri sulla Governance aziendale e sulla IT Governance, e numerose guide tascabili della stessa serie.

Alan è spesso presente sui media in qualità di opinionista in tema di sicurezza delle informazioni e IT Governance, rilasciando articoli e pareri professionali a una varietà di canali informativi commerciali, nazionali e online.

RINGRAZIAMENTI

I copyright su queste due norme per la sicurezza delle informazioni, che possono— e devono — essere acquistate tramite gli organismi di normazione nazionali o tramite *www.itgovernance.eu/standards*, sono di proprietà dei loro editori. Questa guida tascabile non sostituisce l'acquisizione e la lettura delle norme a cui fa riferimento, che ciascun lettore dovrà procurarsi a titolo personale.

Questa guida tascabile contiene molti compendi e riferimenti a materiali disponibili in maniera più esaustiva nelle norme pubblicate; intende essere un pratico strumento di riferimento che contiene, in un unico volume, alcune delle informazioni essenziali che potrebbero essere necessarie a quanti si occupano delle norme e delle problematiche ad esse correlate. Non contiene informazioni sufficienti per poter attuare o verificare l'attuazione di un sistema di gestione basato sull'una o l'altra delle due norme. Inoltre è una guida tascabile, non una manuale completo[1] sull'attuazione della norma ISO27001.

---

[1] Se desiderate un manuale completo sull'attuazione della ISO27001, potrete trovarne uno al seguente indirizzo: *www.itgovernance.eu/shop/product/it-governance-an-international-guide-to-data-security-and-iso27001iso27002-sixth-edition*.

INDICE

INTRODUZIONE

È una verità lapalissiana dire che le informazioni costituiscono la valuta dell'era dell'informazione. In molti casi le informazioni sono il patrimonio più prezioso posseduto da un'organizzazione, anche se queste non sono state soggette a valutazione formale e completa.

L'IT Governance è la disciplina che si occupa delle strutture, degli standard e dei processi che gli organi e i team di gestione applicano al fine di gestire, proteggere e valorizzare gli asset informativi della loro organizzazione.

La gestione della sicurezza delle informazioni è un sottoinsieme della IT Governance rivolto alla protezione e alla sicurezza degli asset informativi di un'organizzazione.

Rischi per gli asset informativi

Un asset può essere definito come 'qualsiasi cosa avente valore per un'organizzazione'. Gli asset informativi sono esposti a un gran numero di minacce, sia esterne che interne, che possono variare tra i due estremi costituiti da casualità e alta specificità. I rischi comprendono eventi naturali, frode e altre attività criminose, errori utente e guasti ai sistemi.

Sistema di Gestione della Sicurezza delle Informazioni

Un Sistema di gestione della Sicurezza delle Informazioni (SGSI) viene definito (nella norma ISO/IEC 27000) come *'parte del sistema di gestione globale, basato su un approccio aziendale al rischio, avente come obiettivo l'istituzione, l'attuazione, la gestione, il monitoraggio, il riesame, il mantenimento e il miglioramento della sicurezza delle informazioni. Il sistema di gestione comprende struttura organizzativa, politiche, attività di pianificazione, responsabilità, prassi, procedure, processi e risorse'.*

CAPITOLO 1: LE NORME DELLA FAMIGLIA ISO/IEC 27000 SULLA SICUREZZA DELLE INFORMAZIONI

ISO27001, la Norma internazionale per la Gestione della Sicurezza delle Informazioni è stata pubblicata nel 2005 e aggiornata nel 2013. Si tratta di una norma che sta ormai prendendo piede interessando un numero sempre crescente di persone.

Oggi essa appartiene a una famiglia assai più ampia costituita da una serie numerata di norme internazionali per la gestione della sicurezza delle informazioni, di cui la ISO/IEC 27000 costituisce la norma base.

Sviluppate da una sottocommissione di un comitato tecnico paritetico (ISO/IEC JTC SC27) della International Standards Organisation (ISO) di Ginevra e la International Electrotechnical Commission (IEC), queste norme offrono oggi un modello riconosciuto a livello mondiale di *best practice* in tema di gestione della sicurezza delle informazioni.

La corretta denominazione per la maggior parte di queste norme comprende il prefisso ISO/IEC e tutte loro devono includere un suffisso corrispondente alla loro data di pubblicazione. Tuttavia, la maggior parte di queste norme tende ad essere citata in forma abbreviata. Per esempio, la ISO/IEC 27001:2013 viene spesso denominata semplicemente ISO27001.

La prima norma per la sicurezza delle informazioni della serie ISO27000 è già stata pubblicata.

ISO/IEC 27001:2013 (ISO27001)

Questa è la versione in vigore della specifica dello standard internazionale per un sistema di gestione della sicurezza delle informazioni. È indipendente dal fornitore e dalla tecnologia. È 'prevista per essere applicata da aziende di ogni tipo, dimensione o natura'[1] e in ogni settore (per esempio, società commerciali, agenzie governative, organizzazioni no-profit), in tutto il mondo. È un sistema di gestione, non una specifica di tecnologia, con il titolo formale di 'Information Technology (IT) − Tecniche di sicurezza − Sistemi di gestione della sicurezza delle informazioni − Requisiti'.

ISO/IEC 27002:2013 (ISO27002)

Questa norma reca il titolo 'Information Technology (IT) − Tecniche di sicurezza − raccolta di prassi per la gestione della sicurezza delle informazioni'. La prima edizione è del luglio 2005, con numerazione originaria ISO/IEC 17799. L'ultima edizione è stata pubblicata nell'ottobre 2013.

ISO/IEC 27003

Questa norma reca il titolo 'Information Technology (IT) − Tecniche di sicurezza − Linee guida applicative per il sistema di gestione della sicurezza delle informazioni'. Data di pubblicazione: gennaio 2010.

ISO/IEC 27004

la norma ISO/IEC 27004 reca il titolo 'Information Technology (IT) − Tecniche di sicurezza − Gestione della sicurezza delle informazioni − Misurazione'. Questa norma è stata progettata con lo scopo di aiutare le aziende a rispondere più pienamente ai requisiti per la misurazione dell'efficacia dei controlli indicati nei punti da 9.1 a 9.3 della ISO27001. Data di pubblicazione: dicembre 2009

---

[1] ISO/IEC 27001:2013, Ambito di applicazione 1.

ISO/IEC 27005:2011

Gestione dei rischi in materia di sicurezza delle informazioni (fondata sui principi contenuti in ISO/IEC 13335 MICTS Parte 2 e a integrazione degli stessi) è stata pubblicata nel giugno 2008, con una nuova edizione pubblicata nel 2011.

ISO/IEC 27006:2011

Questa norma definisce i requisiti per gli enti di controllo e certificazione dei sistemi di gestione della sicurezza delle informazioni.

Definizioni

Le definizioni utilizzate in tutte queste norme sono da intendersi coerenti tra di loro e con quelle utilizzate nella Guida ISO/IEC 73:2009. È inoltre disponibile la norma ISO/IEC 27000:2016; essa reca il titolo 'Sicurezza informativa – Tecniche di sicurezza – Sistemi di gestione della sicurezza delle informazioni – Panoramica e vocabolario'.

CAPITOLO 2: IL CONTESTO DELLE NORME

La primissima norma formale sulla sicurezza delle informazioni, denominata BS7799, fu originariamente emessa nel regno Unito nell'aprile del 1999, ed era suddivisa in due parti. Si era proceduto alla modifica sostanziale di una raccolta di prassi precedente che divenne la prima parte della nuova norma (BS7799-1:1999) mentre si provvide ad elaborare una nuova parte, la seconda (BS7799-2:1999), che fu successivamente aggiunta alla prima.

Fu a questo punto che si creò un collegamento tra le due norme:

- la prima parte era una raccolta di prassi
- la seconda parte era la specifica per un SGSI che attuava dei controlli selezionati dalla raccolta di prassi.

La seconda parte, nella sua versione iniziale, menzionava nel corpo principale della norma, un gruppo di controlli descritti in maniera molto più dettagliata (soprattutto per quanto concerne l'applicazione) nella prima parte. Questi controlli furono successivamente eliminati dal corpo principale della seconda parte e inseriti in un allegato, l'allegato A.

Continua ancora oggi tale rapporto tra la specifica per il SGSI contenuta in una norma e le indicazioni dettagliate riguardanti i controlli per la sicurezza delle informazioni da prendere in considerazione nella fase di elaborazione e attuazione del SGSI contenute nell'altra parte di questa norma composita.

In seguito l'Organizzazione Internazionale per la Normazione (ISO) e la Commissione Elettrotecnica Internazionale (IEC)[1]

---

[1] L'IEC (o CEI) è 'la principale organizzazione a livello mondiale che prepara e pubblica norme internazionali per tutte le tecnologie elettriche, elettroniche e affini'. Il suo sito web è _www.iec.ch_. ISO e IEC operano nell'ambito dell'Organizzazione Mondiale del Commercio (in inglese WTO) per fornire supporto tecnico finalizzato allo sviluppo

collaborarono   adottando   e
internazionalizzando la norma BS7799-1 con la denominazione
ISO/IEC 17799:2000 nel dicembre dell'anno 2000. L'ISO17799
è stata ampiamente utilizzata in tutto il mondo fornendo
indicazioni precise sui controlli di *best-practice* per la
sicurezza delle informazioni.

L'ISO 17799 venne riveduta in modo sostanziale, migliorata e
aggiornata cinque anni più tardi (nel 2005) e fu anche
rinumerata nella serie ISO27000.

BS7799-2

BS7799-2:1999 venne riveduta e riemessa con numerazione
BS7799-2:2002. In quell'occasione vennero introdotte delle
modifiche significative, tra cui:

- l'allineamento della numerazione dei punti nelle due parti
  della norma
- l'aggiunta del modello PDCA (vedi *Capitolo 15*) alla
  norma
- l'aggiunta di un requisito per il miglioramento continuo
  del SGSI
- l'allineamento della norma, in tutti i suoi particolari, con
  ISO9001:2000 e ISO14001:1996, per facilitare lo
  sviluppo di sistemi di gestione integrati.

ISO27001:2005

Sebbene un gran numero di paesi abbia adottato la norma
BS7799-2, nel giugno del 2005, quando doveva essere
rilasciata la norma ISO/IEC 17799:2005, essa era ancora
solamente una norma britannica (British Standard). A
quell'epoca si decise di accelerare l'internazionalizzazione della
norma BS7799-2 e nel giugno del 2005 venne rilasciato il
FDIS o Final Draft International Standard (stato di bozza finale

---

di mercati globali e a garantire che i regolamenti tecnici, le norme
volontarie e le procedure di valutazione della conformità non creino
inutili ostacoli al commercio. Il sito web del centro informazioni
associato ISO/IEC è *www.standardsinfo.net*.

della norma internazionale). La norma BS7799-2:2005 (ISO/IEC 27001:2005) venne infine pubblicata nell'ottobre del 2005.

ISO27001:2013

A seguito di un'ampia consultazione con le organizzazioni associate a ISO/IEC, nell'ottobre del 2013 venne rilasciata l'ultima edizione della norma ISO27001. Essa ha modificato il suo orientamento focalizzandosi sulla creazione di un SGSI che integri l'organizzazione e i suoi processi, e ha ridotto ogni ridondanza nella specifica e nei controlli.

Corrispondenza tra ISO27001 e ISO27002

L'allegato A a ISO/IEC 27001:2013 elenca i 114 controlli contenuti nella ISO/IEC 27002:2013, segue lo stesso sistema di numerazione e utilizza gli stessi termini per i controlli e gli obiettivi di controllo.

La prefazione all'allegato riporta: 'Gli obiettivi di controllo e i controlli [riportate in questa edizione] provengono direttamente da quelli elencati nella ISO/IEC 27002:2013 e sono ad essi allineati'. La norma ISO/IEC 27001 richiede che l'organizzazione 'determini tutte i controlli (da intendersi come "contromisure") richiesti per attuare le opzioni di trattamento dei rischi per la sicurezza delle informazioni prescelte'[2].

La norma ISO27002 fornisce anche ampie indicazioni attuative sul corretto approccio ai singoli controlli. Chiunque intenda attuare un SGSI secondo ISO27001 dovrà acquisire e studiare una copia testuale della ISO27001 e della e ISO27002.

Mentre la ISO27001 in vigore impone l'utilizzo della ISO27002 come punto di riferimento per i controlli, la selezione e l'attuazione degli stessi, essa non limita la possibilità di scelta da parte dell'organizzazione dei controlli da attuare. La specifica riporta: 'Gli obiettivi di controllo e i controlli elencati nell'allegato A non sono esaustivi e possono essere necessarie obiettivi di controllo e controlli aggiuntivi.'[3]

Uso delle norme

Entrambe le norme riconoscono che la sicurezza delle informazioni non può essere conseguita esclusivamente attraverso i mezzi offerti dalla tecnologia, e non deve mai essere attuata in modo da essere in contrasto con l'approccio al rischio dell'organizzazione o da pregiudicare o creare difficoltà alla sua operatività.

La ISO27000 definisce la gestione efficace della sicurezza delle informazioni come la 'salvaguardia della riservatezza, integrità e disponibilità delle informazioni'.

---

[3] ISO/IEC 27001:2013, 6.1.3 Trattamento del rischio per la sicurezza delle informazioni.
[3] Ibid.

CAPITOLO 3: SPECIFICA E RACCOLTA DI PRASSI A CONFRONTO

ISO/IEC 27001:2013 è una specifica per un Sistema di Gestione della Sicurezza delle Informazioni (SGSI). Essa utilizza termini come '*dovrà*' e stabilisce dei requisiti. È la specifica con riferimento alla quale è possibile condurre audit (dette anche verifiche ispettive) di prima, seconda e terza parte.

Un audit di prima parte è una verifica ispettiva delle procedure interne a un'organizzazione, condotta dall'organizzazione stessa. Un audit di seconda parte è condotto da un partner dell'organizzazione, generalmente in forza di qualche tipologia di rapporto commerciale. Un audit di terza parte è condotto da un ente esterno indipendente, come un organismo di certificazione o un auditor esterno.

Una raccolta di prassi oppure una serie di linee guida utilizza termini al condizionale, come '*dovrebbe*' e '*potrebbe*', consentendo alle singole organizzazioni di scegliere quali elementi della norma attuare. Questa possibilità di scelta insita nel testo indica che la ISO27002 non è in grado di fornire uno standard saldo in base al quale poter condurre una verifica ispettiva. Tuttavia, la ISO27001 è prescrittiva e non consente tale libertà d'azione.

Qualsiasi organizzazione desideri far valutare il proprio SGSI in base ai criteri definiti nella ISO27001 dovrà seguire la specifica che figura in tale norma.

Come regola generale, le organizzazioni che implementano un SGSI basato sulla norma ISO/IEC 27001:2013 fanno bene a prestare particolare attenzione alla formulazione della norma stessa e ad informarsi riguardo alle eventuali revisioni della stessa. La mancata conformità di una certificazione esistente alle revisioni ufficiali, che generalmente hanno luogo a cicli triennali e quinquennali, pregiudicherà la validità della certificazione stessa.

Un buon primo passo è quello di procurarsi e leggere una copia della ISO/IEC 27001:2013. Tale copia può essere acquistata presso il sito ISO, presso gli organismi di normazione nazionali e tramite il sito *www.itgovernance.eu/standards*. Sono disponibili copie cartacee e versioni elettroniche scaricabili a seconda delle singole esigenze.

CAPITOLO 4: IL PROCESSO DI CERTIFICAZIONE

ISO27001 offre una specifica a fronte della quale un organismo di certificazione accreditato può condurre una verifica ispettiva indipendente di un SGSI di un'organizzazione. Se il SGSI si rivela conforme alla specifica, è possibile emettere nei confronti dell'organizzazione un certificato formale a conferma di tale conformità.

Organismi di certificazione

La certificazione è effettuata da organismi di certificazione accreditati indipendenti. Questi, nei vari paesi, assumono denominazioni diverse, tra cui 'organismi di registrazione', 'organismi di valutazione e registrazione', 'organismi di certificazione/registrazione' e 'autorità di registrazione'. Comunque siano chiamati, essi operano tutti nello stesso modo e sono tutti soggetti agli stessi requisiti.

Un organismo di certificazione accreditato è un ente che ha dimostrato a un organismo nazionale di accreditamento (quale, per esempio, UKAS − il servizio di accreditamento del Regno Unito) di avere pienamente soddisfatto gli standard nazionali ed internazionali fissati per l'operatività degli organismi certificatori. In genere questi standard limitano la capacità di un organismo certificatore accreditato di offrire servizi di consulenza in relazione a una norma per la quale lo stesso organismo offre anche servizi di certificazione.

Le organizzazioni che perseguono la certificazione indipendente del loro SGSI devono sempre rivolgersi a un organismo certificatore accreditato. I loro certificati hanno generalmente validità pari a tre anni e sono soggetti a visite periodiche di mantenimento da parte dell'organismo di certificazione; essi godono di credibilità a livello internazionale e vengono emessi in linea con un sistema approvato per l'emissione e il mantenimento di tali certificati. Nel materiale promozionale dell'organizzazione potrà essere utilizzato una versione approvata del simbolo di certificazione del sistema.

Vi è un elenco di alcuni organismi di certificazione accreditati ed altri enti nelle pagine dei link di *www.itgovernance.eu/web_links*.

CAPITOLO 5: IL SGSI E L'ISO27001

Definizione di sicurezza delle informazioni

La ISO27000 definisce la sicurezza delle informazioni (nella sua sezione delle definizioni) come la '*salvaguardia di riservatezza, integrità e disponibilità delle informazioni; possono essere anche coinvolte altre proprietà quali l'autenticità, la responsabilità, la non-disconoscibilità e l'affidabilità*'.

I rischi informativi possono influire su uno o più dei tre attributi fondamentali di un asset informativo — ossia la sua

- disponibilità
- riservatezza
- integrità.

Nella ISO27000 questi tre attributi sono definiti come segue:

- Disponibilità '*la proprietà di essere accessibile e utilizzabile su richiesta da parte di un'entità autorizzata*', che prevede la possibilità che programmi software e utenti debbano avere accesso alle informazioni.
- Riservatezza '*la proprietà che le informazioni non siano rese disponibili o divulgate a soggetti, entità o processi non autorizzati*'.
- Integrità. '*la proprietà di proteggere l'accuratezza e la completezza degli asset*'.

Il SGSI

Un SGSI — che, come indica chiaramente la norma, comprende 'struttura organizzativa, politiche, attività di pianificazione, responsabilità, prassi, procedure, processi e risorse'[1] — è un approccio gestionale strutturato e coerente alla sicurezza delle informazioni, progettato per garantire

---

[1] ISO/IEC 27000:2016, Termini e definizioni 2.34, nota.

15

un'interazione efficace dei tre componenti chiave dell'attuazione di una politica per la sicurezza delle informazioni:

- processo(o procedura)
- tecnologia
- comportamento dell'utente

Il requisito della norma è che il progetto e l'attuazione di un SGSI debbano essere direttamente influenzati dalle necessità e dagli obiettivi di ogni singola organizzazione, dai requisiti per la sicurezza, dai processi organizzativi impiegati, dalla dimensione e dalla struttura dell'organizzazione'.[2]

La ISO27001 non è una soluzione universale, né è stata mai considerata un'entità statica, fissa che interferisca con lo sviluppo e la crescita di un'impresa. La norma riconosce esplicitamente che:

- il SGSI 'viene ridimensionato in funzione delle necessità dell'organizzazione', e che
- 'è inevitabile che esso si modifichi nel tempo'.

---

[2] ISO/IEC 27001:2013, Introduzione generale, 0.1.

CAPITOLO 6: PANORAMICA DELLA ISO/IEC 27001:2013

Il titolo formale di questa norma è 'Information Technology (IT) – Tecniche di sicurezza – Sistemi di gestione della sicurezza delle informazioni – Requisiti'. Dall'ottobre del 2013, essa ha sostituito la precedente edizione, la ISO/IEC 27001:2005.

Con gli allegati, questa norma conta solo 30 pagine. Il nucleo della norma è contenuto nelle nove pagine che definiscono la specifica per la progettazione e l'attuazione di un sistema di gestione per la sicurezza delle informazioni, e nelle 13 pagine dell'Allegato A, che contiene i 114 singoli controlli che, in base alla norma, devono essere presi in considerazione ai fini dell'applicabilità.

La specifica del SGSI è contenuta nei punti da 4 a 10 della ISO27001.

I contenuti della norma (clausole principali e allegati) sono:

0. Introduzione
1. Scopo e ambito di applicazione
2. Riferimenti normativi
3. Termini e definizioni
4. Contesto dell'organizzazione
5. Leadership
6. Pianificazione
7. Supporto
8. Attività operative
9. Valutazione delle prestazioni
10. Miglioramento
    - Allegato A: Obiettivi di controllo e contromisure di riferimento

- Bibliografia

CAPITOLO 7: PANORAMICA DELLA ISO/IEC 27002:2013

Questa norma è intitolata 'Information Technology (IT) – Tecniche per la sicurezza – Raccolta di prassi per la gestione della sicurezza delle informazioni'. Pubblicata nell'ottobre 2013, essa ha sostituito la precedente edizione, la ISO/IEC 27002:2005.

È una raccolta di prassi, non una specifica. Utilizza termini come 'dovrebbe' e 'può': Essa '*può* essere considerata come un punto di partenza per lo sviluppo di linee guida che siano personalizzati per l'organizzazione'.[1]

La ISO27002 è lunga più del doppio rispetto alla ISO27001, con 90 pagine, di cui 8 contenenti materiale introduttivo. Ben 78 pagine trattano in maniera dettagliata i controlli per la sicurezza delle informazioni. Questa norma ha 18 punti, come indicato di seguito:

- Premessa
- 0. Introduzione
- 1. Ambito di applicazione
- 2. Riferimenti normativi
- 3. Termini e definizioni
- 4. Struttura della norma
- 5. Politiche per la sicurezza delle informazioni
- 6. Organizzazione della sicurezza delle informazioni
- 7. Sicurezza delle risorse umane
- 8. Gestione degli asset
- 9. Controllo degli accessi
- 10. Crittografia

---

[1] ISO/IEC 27002:2013, 0.4: Introduzione, Sviluppo di linee guida proprietarie; corsivo aggiunto.

11. Sicurezza fisica e ambientale
12. Sicurezza delle attività operative
13. Sicurezza delle comunicazioni
14. Acquisizione, sviluppo e manutenzione dei sistemi
15. Relazioni con i fornitori
16. Gestione degli incidenti relativi alla sicurezza delle informazioni
17. Aspetti relativi alla sicurezza delle informazioni nella gestione della continuità operativa
18. Conformità

- Bibliografia

I 14 punti numerati da cinque a diciotto contengono i controlli elencati nell'Allegato A della ISO27001. Tali punti contengono collettivamente 35 categorie di sicurezza. La numerazione dei controlli è esattamente la stessa in entrambe le norme. Non vi è alcun significato legato all'ordine dei punti; 'a seconda delle circostanze, possono assumere importanza i controlli di sicurezza di qualsiasi punto'.[2]

Le categorie di sicurezza

Ciascuna categoria di sicurezza contiene:

- un obiettivo di controllo, che dichiara cosa si deve conseguire
- uno o più controlli che possono essere applicati per conseguire l'obiettivo dichiarato.

Ogni controllo all'interno di ciascuna categoria di sicurezza è strutturata allo stesso modo. Vi sono:

- una dichiarazione di controllo, che descrive (nel contesto dell'obiettivo di controllo) a cosa serve il controllo;
- delle linee guida attuative, ovvero delle informazioni dettagliate che possono (ma non in tutti i casi) aiutare le

---

[2] ISO/IEC 27002:2013, punto 4.1.

singole organizzazioni a attuare il controllo a cui si riferiscono;

- altre informazioni da prendere in considerazione, tra cui ulteriori riferimenti normativi.

CAPITOLO 8: DOCUMENTAZIONE E REGISTRAZIONI

Uno dei motivi principali per cui si progetta e si attua un sistema di gestione è quello di consentire all'organizzazione di andare oltre quanto è già noto nei termini del modello di maturità delle capacità, come organizzazione 'ad hoc'. Un'organizzazione *ad hoc* è un'organizzazione che 'non ha processi o procedure prestabilite, e i cui risultati dipendono molto dalle performance dei singoli individui, e nella quale molto del loro tempo viene speso in operazioni di "rimedio", nella correzione di errori di scrittura software (bug) e nella risoluzione di incidenti'.[1]

L'ISO9001:2008 è un ben noto e diffuso sistema di gestione dei processi aziendali o di assicurazione della qualità. Se l'organizzazione non dispone ancora di un sistema di gestione certificato ISO9001 e necessita di indicazioni sulla documentazione e sul controllo dei documenti contemplato al punto 7.5 di ISO27001, essa dovrebbe procurarsi e utilizzare le indicazioni contenute in qualsiasi manuale di implementazione della ISO9001 aggiornato.

Si osservi che le specifiche della ISO27001 per il controllo dei documenti (7.5.3) riflettono quelle contenute nella ISO9001:2008, con numerazione 4.2.3 e 4.2.4.

Requisiti per il controllo dei documenti

La ISO27001 richiede esplicitamente che il sistema di gestione sia documentato. Il controllo A.12.1.1 richiede esplicitamente che le procedure di sicurezza siano documentate, manutenute e rese disponibili a tutti gli utenti che ne richiedano l'utilizzo. Altri requisiti espliciti riguardanti la documentazione contenuti nell'Allegato A comprendono:

---

[1] *IT Service CMM: A Pocket Guide*, Van Haren, 2004, pagina 4.

- A.5.1.1: politiche per la sicurezza delle informazioni;
- A.6.1.1: ruoli e responsabilità documentati per la sicurezza delle risorse umane;
- A.8.1.3: uso accettabile degli asset;
- A.9.1.1: politica di controllo degli accessi;
- A.18.1.1: identificazione della legislazione applicabile.

Molte degli altri controlli richiedono procedure 'formali' o 'chiare' comunicazioni; mentre questi possono tecnicamente essere realizzati senza essere documentati, l'aspettativa è che tutti i processi e le procedure, invece, lo siano.

Contenuto della documentazione del SGSI

La documentazione deve essere completa, dettagliata, in linea con i requisiti della norma e concepita su misura per ogni singola organizzazione. il SGSI deve essere completamente documentato. La ISO27001 descrive la documentazione minima che il SGSI deve contenere.

Non tutte le organizzazioni devono implementare una struttura documentativa di pari complessità. La norma osserva che 'la quantità di informazioni documentate per un [SGSI] può differire da un'organizzazione all'altra in ragione delle […] dimensioni dell'organizzazione, del tipo di attività e delle interazioni'.[2]

Con il rilascio della ISO 27001:2013, non vi è più distinzione tra documenti e registrazioni; entrambi gli elementi sono soggetti agli stessi requisiti . Indipendentemente da ciò, le organizzazioni possono trovare utile mantenere tale distinzione, soprattutto se hanno implementato un Sistema di Gestione della Qualità ISO9001 (QMS), poiché tale sistema conserva tale distinzione.

Vi sono delle registrazioni specifiche che l'organizzazione deve conservare nel consueto svolgimento della sua attività, ed esse saranno soggetti a vari periodi di conservazione legislativi e normativi. Le registrazioni che comprovano l'efficacia del

---

[2] ISO/IEC 27001:2013, 7.5.1, Generalità, nota b.

SGSI sono di natura diversa da quelle che il SGSI ha il compito di salvaguardare. Tuttavia, anch'esse devono essere controllate e restare leggibili, facilmente identificabili e recuperabili. Ciò significa che, soprattutto per quanto riguarda le registrazioni elettroniche, è necessario preservare un mezzo di accesso alle stesse anche dopo aver aggiornato sia l'hardware che il software.

Allegato A controlli riguardanti i documenti

Nell'allegato A Vi sono ulteriori controlli riguardanti i documenti che devono essere inclusi negli aspetti relativi al controllo dei documenti del SGSI. Sono controlli importanti a tutti gli effetti. Tali controlli sono:

- A.8.2.1: classificazione delle informazioni, che si occupa dei livelli di riservatezza
- A.8.2.2: etichettatura delle informazioni, che si occupa del modo in cui i livelli di riservatezza sono contrassegnati sulle informazioni e sui loro supporti
- A.8.2.3: trattamento degli asset, che si occupa delle procedure per il trattamento degli asset secondo la loro classificazione
- A.18.1.3: protezione delle registrazioni, che si occupa della conservazione del documenti
- A.18.1.4: privacy e protezione dei dati personali, che si occupa della riservatezza dei dati personali.

CAPITOLO 9: RESPONSABILITÀ DELLA DIREZIONE

La ISO27001 riconosce che l'attuazione di un SGSI è un processo che coinvolge l'intera organizzazione. I requisiti circa la definizione dell'ambito d'applicazione e la politica per la sicurezza delle informazioni sono espliciti nell'indicare che vi deve essere una giustificazione documentata per qualsiasi esclusione dall'ambito di applicazione, e che tale politica deve essere applicata in tutta l'organizzazione.

Inoltre la ISO27001 indica chiaramente che il SGSI dovrebbe essere progettato per soddisfare le esigenze dell'organizzazione, e dovrebbe essere implementato e gestito in modo da soddisfare - e continuare a soddisfare − dette esigenze.

Indirizzi della direzione

Secondo un requisito della ISO27001, la direzione dovrebbe '[comunicare] l'importanza di un'efficace gestione della sicurezza delle informazioni e della conformità ai requisiti del sistema di gestione della sicurezza delle informazioni'.[1] Questi requisiti sono andati via via rafforzandosi nelle successive versioni della norma SGSI giacché è divenuto sempre più evidente che progettare e istituire un SGSI è difficile senza tale attività di supporto e di indirizzamento operata dalla direzione.

La natura strategica di un sistema SGSI è esplicitamente riconosciuta nel punto 4.4 della norma, che stabilisce il requisito in base al quale l'organizzazione 'deve istituire, implementare, mantenere e migliorare in maniera continua un sistema di gestione della sicurezza delle informazioni'. Questa posizione strategica è definita (nel punto 4.1) come fondata sulla comprensione dell'organizzazione e del suo contesto.

---

[1] ISO/IEC 27001:2013, 5.1.d.

La responsabilità della direzione è così importante che il punto 5 è interamente dedicato alla definizione dettagliata di ciò che si richiede alla direzione. Essa 'dovrà dimostrare leadership e impegno per quanto riguarda il sistema di gestione della sicurezza delle informazioni', 'dovrà definire una politica per la sicurezza delle informazioni', e 'dovrà garantire che vengano assegnate e comunicate le responsabilità e le autorità per i ruoli attinenti alla sicurezza delle informazioni'.

Controlli connessi alla direzione

L'allegato A contiene determinati controlli che richiedono in modo particolare il coinvolgimento della direzione. Essi sono connessi alla sezione 5 della ISO27001. Tali controlli sono di seguito riportati con la stessa numerazione dell'allegato A:

- A.5.1.1: politiche per la sicurezza delle informazioni;
- A.6.1.2: separazione dei compiti
- A.9.2.5: riesame dei diritti di accesso degli utenti
- A.18.2.2: conformità alle politiche e alle norme per la sicurezza

I requisiti per il riesame della direzione

Oltre ai requisiti di controllo, al punto 9.3 (riesame della direzione), la norma dispone che la direzione debba periodicamente 'riesaminare il SGSI dell'organizzazione [...] per accertarsi che lo stesso continui a rivelarsi idoneo, adeguato ed efficace'.[2] Questa sezione definisce con chiarezza i dati di input richiesti per il processo di riesame, ovvero i dati di output dell'attività di monitoraggio e riesame dell'organizzazione.

I dati di output del riesame della direzione dovrebbero essere documentati oltre che implementati; essi dovrebbero condurre a un miglioramento costante, regolare e continuo del SGSI. Un SGSI certificato ISO27001 sarà soggetto a regolari riesami della certificazione durante il periodo di validità del certificato stesso; tali riesami verteranno sul modo in cui l'organizzazione

---

[2] ISO/IEC 27001:2013.

e la sua direzione avranno guidato il processo di miglioramento continuo.

CAPITOLO 10: APPROCCIO PER PROCESSI E CICLO PDCA

Il modello o ciclo PDCA è il ciclo Plan−Do−Check−Act, ideato negli anni 1950 da W. Edwards Deming. Secondo tale modello, i processi aziendali devono essere considerati come se fossero in un continuo ciclo di retroazione, in modo da consentire ai manager di identificare e modificare le parti del processo che richiedono dei miglioramenti. Il processo, o un miglioramento al processo, dovrebbe essere innanzitutto pianificato, quindi attuato e la sua performance misurata. Seguono il controllo rispetto alla specifica pianificata, e l'identificazione e il reporting alla direzione di eventuali deviazioni o potenziali miglioramenti affinché si decida quale azione intraprendere.

PDCA e ISO27001

Nella precedente edizione della ISO27001, Il punto 0.2 affermava chiaramente che il processo necessario per l'implementazione di un SGSI era il PDCA. Tuttavia, con il rilascio della ISO27001:2013, questa non è più una caratteristica obbligatoria del SGSI. Infatti, la norma ISO27001:2013 non offre indicazioni esplicite in merito all'approccio del miglioramento continuo, oltre a indicare che è necessaria, consentendo all'organizzazione di identificare le migliori prassi per il suo SGSI.

Nonostante il ciclo PDCA sia stato eliminato dalla specifica, rimane un processo efficace e valido ai fini dell'implementazione del SGSI. In mancanza di un processo definito, è ragionevole applicare il modello PDCA, che per molti anni è stato un approccio estremamente pratico.

L'applicazione del ciclo PDCA a un approccio per processi significa che, seguendo i principi di base della progettazione di processo, devono esservi sia i dati di input che di output del processo stesso. Un SGSI acquisisce come dati di input i requisiti e le aspettative in materia di sicurezza delle informazioni delle parti interessate e, attraverso le azioni e i processi necessari, produce dei risultati in termini di sicurezza delle informazioni che soddisfano tali requisiti e aspettative.[1]

Il ciclo PDCA e i punti della norma ISO27001

Le corrispondenze tra il ciclo PDCA e le fasi identificate nella norma per lo sviluppo del SGSI sono riportate qui di seguito.

Plan (istituire il SGSI)

- definire l'organizzazione e il suo contesto (punto 4.1)
- definire l'ambito d'applicazione del SGSI (punto 4.3)
- definire la politica di sicurezza delle informazioni (punto 5.2)
- definire un approccio sistematico alla valutazione dei rischi (punto 6.1.2)
- effettuare una valutazione dei rischi per identificare, nel contesto della politica e dell'ambito di applicazione del SGSI, gli asset informativi importanti dell'organizzazione e i rischi ad essi connessi (punto 8.2)
- valutare i rischi (punto 6.1.2.d)
- identificare e valutare le opzioni per il trattamento di questi rischi (punto 6.1.3)
- selezionare, per ciascuna decisione di trattamento dei rischi, gli obiettivi di controllo e i controlli da implementare (punto 6.1.3.b)
- preparare una dichiarazione di applicabilità (SoA). (punto 6.1.3.d).

Do (implementare e gestire il SGSI):

- formulare il piano di trattamento del rischio e la sua documentazione, tra cui processi pianificati e procedure dettagliate (punto 6.1.3.e)
- attuare il piano di trattamento del rischio e i controlli pianificati (punto 8.3)

---

[1] ISO/IEC 27001:2013, 4.2 e 4.3.

- fornire una formazione adeguata al personale coinvolto, nonché programmi di sensibilizzazione (punto 7.2)
- gestire le attività operative e le risorse in linea con il SGSI (punti 7.2 e 8.1)
- attivare procedure che consentano un rapido rilevamento degli incidenti relativi alla sicurezza nonché la risposta agli stessi. (punto 8.1).

Check (monitoraggio e riesame del SGSI):

- Il livello 'check' consiste, essenzialmente, in un solo passo (o insieme di passi):
- monitoraggio, attività di riesame, test e verifica ispettiva (punto 9)
- monitoraggio, riesame, test e verifica ispettiva rappresentano un processo continuo che deve coprire l'intero sistema.

Act (mantenere e migliorare il SGSI):

- I risultati delle attività di test e audit dovrebbero essere riesaminati dalla direzione, insieme al SGSI alla luce del mutamento del contesto di rischio, della tecnologia o di altre circostanze; dovrebbero essere identificati, documentati e attuati i miglioramenti al SGSI (punto 9)
- da quel momento in poi, esso sarà soggetto a continui riesami, a ulteriori test e all'attuazione dei miglioramenti, un processo definito di 'miglioramento continuo'. (punto 10).

CAPITOLO 11: CONTESTO, POLITICA E CAMPO DI APPLICAZIONE

La prima fase di pianificazione è l'analisi di definizione dell'ambito di applicazione.

Il requisito di definizione dell'ambito di applicazione è definito nel punto 4.3 della norma ISO27001. Il requisito è che l'organizzazione 'determini i confini e l'applicabilità del sistema di gestione della sicurezza delle informazioni per stabilirne l'ambito d'applicazione [prendendo in considerazione] le problematiche interne ed esterne, le esigenze [delle parti interessate, e] le interfacce e le dipendenze tra le attività svolte dall'organizzazione e quelle svolte da altre organizzazioni'.

Tutto ciò si costruisce sulla comprensione dell'organizzazione e del suo contesto, e sulle aspettative delle parti interessate. Il punto 4.1 afferma che l'organizzazione 'deve individuare problematiche interne ed esterne che siano pertinenti al suo scopo e che incidano sulla sua capacità di conseguire il risultato atteso dal suo sistema di gestione della sicurezza delle informazioni'. Il punto 4.2 richiede che l'organizzazione identifichi le parti interessate e le loro esigenze in relazione al SGSI. Ciò 'può includere requisiti legali e normativi e obblighi contrattuali'.

L'analisi dell'ambito d'applicazione

Un'analisi dell'ambito d'applicazione dovrebbe determinare ciò che rientra e ciò che non rientra nel SGSI. Infatti, il SGSI erigerà una sorta di barriera tra ciò che si trova all'interno del suo perimetro e ciò che si trova esternamente ad esso. Lo sviluppo del SGSI richiederà che ogni punto di contatto tra interno ed esterno venga considerato un punto di rischio potenziale che necessita di un trattamento specifico e adeguato.

Gli asset, come i processi, non possono trovarsi per metà all'interno e per metà all'esterno del SGSI; o sono totalmente dentro o totalmente fuori.

Quadro giuridico e normativo

Il quadro giuridico e normativo (4.2) crea anche una prospettiva specifica sulla definizione dell'ambito di applicazione del SGSI. Ovviamente, le informazioni e i processi di gestione delle informazioni che si trovano nell'ambito di un'unica norma, o altro requisito legale, devono ricadere tutti nell'ambito di applicazione del SGSI.

Definizione di politica

La seconda grande fase di pianificazione richiesta dalla ISO27001 è la definizione della politica.

Il punto 5.2 richiede che l'organizzazione definisca una politica per la sicurezza delle informazioni. Questo requisito è contenuto anche nel primo controllo dell'allegato A, il controllo numero 5.1.1. Questo è il primo di molti punti presenti nella ISO27001 supportati dalle linee guida e dalle *best practice* della ISO27002. Il punto 5.1.1 della ISO27002 approfondisce il requisito dell'allegato A avente numerazione simile e corrisponde alla specifica contenuta nel punto 5.2 della ISO27001. L'obiettivo di controllo su cui verte il rilascio di un documento programmatico è quello di fornire 'gli indirizzi e il supporto della direzione per la sicurezza delle informazioni in accordo con i requisiti aziendali, con le leggi e con i regolamenti pertinenti .'[1]

Politica e obiettivi per la sicurezza

Il punto 5.1.1 continua affermando che il documento programmatico dovrebbe definire 'l'approccio dell'organizzazione per la gestione dei propri obiettivi relativi alla sicurezza delle informazioni'. La prospettiva della norma è che un SGSI utile e di successo non pregiudichi né blocchi

---

[1] ISO/IEC 27002:2013, 5.1.

l'attività dell'azienda. Il rischio notevole che è insito nell'implementazione di sistemi che possano bloccare l'attività aziendale, che non siano perciò in linea con gli obiettivi aziendali, è che le persone all'interno dell'azienda possano ignorare o eludere i controlli del SGSI.

La politica per la sicurezza delle informazioni deve essere approvata dall'alta direzione e resa accessibile a chiunque ne abbia necessità.

CAPITOLO 12: VALUTAZIONE DEI RISCHI

La successiva fase di pianificazione è la valutazione dei rischi per la sicurezza delle informazioni. La valutazione dei rischi viene trattata nei punti 6.1.2 e 8.2 della ISO27001, supportata dalle linee guida della ISO27002 punto 0.2.

Anziché essere immediatamente complementare, la ISO27002 riconosce il valore di ulteriori framework di controllo e gestione. Pertanto le linee guida relative alla valutazione dei rischi fornite nella ISO27002 sono necessariamente brevi giacché incoraggiano l'organizzazione a scegliere l'approccio più applicabile al suo settore, alla sua complessità e al suo contesto di rischio.

Collegamento a ISO/IEC 27005

ISO27005 è una raccolta di prassi che offre una guida dettagliata e completa sulle modalità di attuazione dei requisiti imposti dalla norma ISO27001. Mentre la valutazione dei rischi deve essere condotta in linea con i requisiti della ISO27001, le linee guida della ISO27005 possono essere formulate nel corso dello sviluppo della metodologia di valutazione dettagliata dei rischi.

Obiettivi dei piani di gestione dei rischi

I piano di gestione dei rischi hanno quattro obiettivi collegati tra loro. Essi sono

- eliminare i rischi (porre loro termine),
- ridurre quelli che non possono essere eliminati a dei livelli 'accettabili' (sottoporli a trattamento),
- tollerarli, esercitando attentamente i controlli che li mantengono a livelli 'accettabili', o
- trasferirli, mediante contratto o assicurazione, a qualche altra organizzazione.

La ISO27001 richiede che l'organizzazione (nel punto 6.1.2) definisca i criteri di accettazione del rischio e i criteri per effettuare valutazioni del rischio relativo alla sicurezza delle informazioni. Il processo adottato dalla direzione per prendere queste decisioni deve essere 'personalizzato in funzione delle necessità specifiche dell'organizzazione'.[1] Inoltre, qualunque processo di valutazione dei rischi l'organizzazione scelga di attuare, questo deve essere in grado di 'produrre risultati coerenti, validi e confrontabili tra loro'.[2]

Un piano di gestione dei rischi può essere formulato solo dopo aver individuato, analizzato e valutato i rischi. Il processo di valutazione dei rischi dovrebbe essere pito in modo da poter operare all'interno del framework di gestione del rischio globale dell'organizzazione (se esiste) e dovrebbe attenersi ai requisiti specifici della ISO27001.

Requisiti giuridici, normativi e contrattuali

La norma ISO27001 richiede che l'organizzazione attui tutte i controlli ritenuti necessari al fine di soddisfare i propri obblighi legali, normativi e contrattuali. Una volta selezionati e implementati tali controlli, l'organizzazione potrà procedere con la conduzione di una valutazione dei rischi per identificare quali sono i controlli aggiuntivi eventualmente necessari per poter gestire i rischi entro il proprio limite di tolleranza.

Processo di valutazione dei rischi

La ISO27001 definisce sette passi da seguire nello svolgimento di una valutazione dei rischi:

- identificare i rischi associati alla perdita di riservatezza, disponibilità e integrità delle informazioni nell'ambito del campo di applicazione del SGSI;
- identificare i responsabili dei rischi;
- valutare le conseguenze che potrebbero risultare se un rischio identificato dovesse concretizzarsi;

---

[1] ISO/IEC 27001:2013, 1.
[2] ISO/IEC 27001:2013, 6.1.2.b.

- valutare la verosimiglianza realistica del concretizzarsi di tale rischio;
- determinare i livelli di rischio;
- comparare i risultati dell'analisi con i criteri di rischio;
- stabilire le priorità dei rischi analizzati per il trattamento.

Identificare i rischi (6.1.2.c.1)

I rischi per la sicurezza delle informazioni sono 'il potenziale che *le minacce* sfruttino le *vulnerabilità* di un asset informativo o di un gruppo di asset informativi e quindi causino danni a un'organizzazione.'[3]

Minacce

Le minacce sono situazioni che possono degenerare oppure 'attaccare' gli asset identificati. Possono essere esterne o interne. La ISO27001 richiede che il SGSI abbia come fondamento una identificazione e valutazione dettagliata delle minaccia per ciascun singolo asset informativo rientrante nell'ambito d'applicazione. Le minacce variano in funzione del settore d'attività e dell'ambito d'applicazione del SGSI.

Vulnerabilità

Le vulnerabilità lasciano un sistema aperto agli attacchi da parte di qualcosa che è classificato come una minaccia, oppure consentono a un attacco un certo successo o maggiori ripercussioni. Una minaccia può sfruttare una vulnerabilità. Identificare – per ciascun asset identificato e per ciascuna delle minacce elencate accanto a ciascun asset – le vulnerabilità che ciascuna minaccia potrebbe sfruttare.

Identificare i responsabili dei rischi (6.1.2.c.2)

Oltre ai responsabili degli asset da identificare nel registro degli asset prima della valutazione dei rischi, ogni rischio identificato viene assegnato a un responsabile. É importante

---

[3] ISO/IEC 27000, 2.61, Nota 6; corsivo aggiunto.

riconoscere la distinzione dei ruoli tra responsabile di asset e responsabile di rischio. Mentre il responsabile di un asset è responsabile di assicurare che l'asset sia inventariato, classificato e protetto, controllato e debitamente gestito[4], il responsabile di un rischio non ha delle responsabilità specifiche nei confronti dell'asset, ma è responsabile della gestione del rischio e dell'accettazione dei rischi residui per la sicurezza delle informazioni. É inoltre importante rilevare che un unico rischio può avere ripercussioni su più asset.

Valutare le conseguenze del rischio (6.1.2.d.1)

Lo sfruttamento ottimale di una vulnerabilità da parte di una minaccia avrà ripercussioni su disponibilità, riservatezza e integrità di quell'asset. Tali ripercussioni dovrebbero essere tutte identificate e, qualora possibile, dovrebbe essere loro assegnato un valore. La ISO27001 indica chiaramente che tali ripercussioni dovrebbero essere valutate per ciascuno di questi tre aspetti; pertanto, una singola minaccia potrebbe sfruttare più di una vulnerabilità e ogni sfruttamento potrebbe avere più di un tipo di ripercussione.

Il requisito della norma è quello di valutare l'entità della possibile perdita per l'azienda causata da ogni singola ripercussione potenziale. Un oggetto di questa analisi è quello di stabilire le priorità del trattamento (controlli) e farlo nell'ambito della soglia di rischio accettabile dell'organizzazione; è accettabile categorizzare una possibile perdita piuttosto che cercare di calcolarla con esattezza.

Verosimiglianza (6.1.2.d.2)

Ci deve essere una valutazione della verosimiglianza ovvero la probabilità che la ripercussione identificata possa effettivamente verificarsi. Le probabilità possono variare dal 'non molto probabile' (per esempio, forte terremoto nel sud dell'Inghilterra distrugge impianti primari e di supporto) al 'quasi quotidiano' (per esempio, diverse migliaia di attacchi automatici di malware e hacker contro la rete).

---

[4] ISO/IEC 27002, 8.1.2.

Livelli di rischio (6.1.2.d.3)

Valutare il livello di rischio per ciascuna ripercussione come combinazione delle conseguenze e della verosimiglianza. Ciascuna organizzazione deve decidere da sé ciò che vuole impostare come soglie per categorizzare ciascuna ripercussione potenziale.

Analisi dei rischi e criteri di rischio a confronto(6.1.2 e.1)

Si prendono i livelli di rischio stabiliti durante l'analisi e si comparano con i criteri di rischio stabiliti all'inizio del processo. Ciò fornisce una panoramica più ampia del livello di rischio globale rivolto all'organizzazione operando rischio-per-rischio e asset-per-asset, e fornisce le basi per il resto del SGSI.

Assegnare priorità ai rischi (6.1.2.e.2)

Più un rischio devia dai criteri di accettazione dei rischi, più elevata sarà sarà la sua priorità. Persino nel caso in cui un rischio rientri nei criteri di accettazione, può risultare estremamente utile assegnargli una priorità per un trattamento successivo, o è possibile prevedere che il rischio aumenti in circostanze particolari.

Piano di gestione dei rischi

Il punto 6.1.3 della norma ISO27001 richiede che l'organizzazione formuli un piano di gestione dei rischi. Esso dovrebbe identificare l'azione, le responsabilità e le priorità di gestione appropriate per la gestione dei rischi relativi alla sicurezza delle informazioni. Il piano di gestione dei rischi deve essere documentato. Esso dovrebbe essere inserito nel contesto della politica per la sicurezza delle informazioni dell'organizzazione e dovrebbe identificare chiaramente l'approccio al rischio della stessa e i suoi criteri di accettazione del rischio. Questi criteri, laddove già esista un framework per la gestione del rischio, dovrebbe essere coerente con i requisiti della norma ISO27001.

CAPITOLO 13: LA DICHIARAZIONE DI APPLICABILITÀ (SOA)

Pur essendo l'elemento centrale di un SGSI e della certificazione accreditata del SGSI (è il documento dal quale l'auditor darà inizio al processo che rivelerà la presenza o meno di adeguati controlli, implementati e operativi), la dichiarazione di applicabilità può essere realmente approntata solo dopo aver completato la valutazione dei rischi e documentato il piano di trattamento dei rischi.

La dichiarazione di applicabilità è una dichiarazione indicante quali dei controlli identificati nell'allegato A alla ISO27001 sono applicabili all'organizzazione, e quali non lo sono. Essa può anche contenere controlli aggiuntivi selezionati da altre fonti.

La SoA e i soggetti esterni

La SoA deve essere sottoposta a riesame su base regolare e ben definita. È il documento che viene utilizzato per dimostrare a terzi il livello di sicurezza attuato ed è solitamente indicato, insieme al suo suo stato di emissione, nel certificato di conformità rilasciato dagli organismi di certificazione di terze parti.

Controlli c allegato A

Il punto 6.1.3.b richiede che l'organizzazione determini tutte le misure di controllo necessarie per realizzare il piano di gestione del rischio. È significativo che ciò si compia *prima* di consultare l'allegato A.

Il punto 6.1.3.c della ISO27001 richiede che l'organizzazione selezioni degli obiettivi di controllo pertinenti tra quelli indicati nell'allegato A corrispondenti ai controlli selezionati in 6.1.3.b. Tuttavia, esso afferma che è possibile selezionare ulteriori controlli da altre fonti. La composizione della SoA di cui al punto 6.1.3.d richiede anche che l'organizzazione giustifichi la selezione (e l'esclusione) dei controlli.

La ISO27002 fornisce buone prassi circa lo scopo e l'attuazione di tutti i controlli elencati nell'allegato A. Vi sono, tuttavia, alcune aree in cui le organizzazioni possono dover andare oltre quanto indicato nella norma ISO27002; la misura di tale necessità è dettata dal grado di avanzamento della tecnologia e delle minacce verificatosi a partire dalla data di completamento della norma ISO27002.

Controlli (6.1.3.b)

I controlli sono le contromisure per le vulnerabilità. La definizione formale di controllo fornita dalla norma ISO27000 è quella di 'mezzo di gestione del rischio, comprendente politiche, procedure, direttive, prassi o strutture organizzative che possono essere di natura amministrativa, tecnica, direzionale o giuridica. Controllo è utilizzato anche come sinonimo di salvaguardia o contromisura'.[1]

Oltre ad accettare consapevolmente i rischi che rientrano nell'ambito di qualsiasi criterio di accettabilità che l'organizzazione abbia adottato nel suo piano di gestione dei rischi, o a trasferire il rischio (tramite contratto o assicurazione), l'organizzazione può decidere di attuare un controllo volto a ridurre quest'ultimo.

Rischi residui

Non è né possibile né pratico offrire sicurezza totale contro ogni singolo rischio, ma è comunque possibile offrire un livello di sicurezza efficace contro la maggior parte dei rischi controllandoli fino a portarli a un livello di rischio residuo considerato accettabile dalla direzione. Il responsabile del rischio deve accettare formalmente il rischio residuo (punto 6.1.3.f).

---

[1] ISO/IEC 27000, 2.16.

Tuttavia, i rischi possono cambiare e in effetti cambiano. Pertanto, il processo di riesame e valutazione dei rischi e dei controlli è essenziale e continuativo (punto 8.2).

Obiettivi di controllo

I controlli vengono selezionati alla luce di un obiettivo di controllo. Un obiettivo di controllo è la dichiarazione d'intento di una organizzazione indicante la volontà di controllare alcune parti dei suoi processi o asset e ciò che intende conseguire tramite l'applicazione del controllo. Da un unico obiettivo di controllo possono dipendere più controlli.

L'allegato A della norma ISO27001 identifica degli obiettivi di controllo appropriati ed elenca i controlli minimi che fanno capo a ciascuno di tali obiettivi. L'organizzazione deve selezionare i suoi obiettivi di controllo dall'allegato A alla luce della sua valutazione dei rischi e quindi assicurare che i controlli che sceglie di attuare (tratti dall'allegato o da altre fonti) le consentano di conseguire l'obiettivo identificato.

Piano per gli incidenti relativi alla sicurezza

É importante che, quando si valutano i controlli, si identifichino i probabili incidenti relativi alla sicurezza che potrebbero dover essere identificati, esaminati e previsti. Il processo di selezione dei singoli controlli tra quelli elencati nell'allegato A alla norma dovrebbe indicare quali prove e quali misure dell'efficacia (6.1.1.e.2) dovranno essere apportate per dimostrare:

- che il controllo è stato attuato e opera in modo efficace
- che quindi ogni rischio è stato ridotto a un livello accettabile come richiesto dal punto 6.1.2.a.1 della norma. I controlli devono essere strutturati in maniera tale da consentire che qualsiasi errore o *défaillance* durante l'esecuzione possa essere rapidamente rilevato e che l'azione correttiva pianificata, automatica o manuale, sia efficace nel ridurre a un livello accettabile qualsiasi rischio conseguente.

CAPITOLO 14: ATTUAZIONE

L'attuazione del SGSI comporta le seguenti cinque attività:

- Implementazione del piano di gestione dei rischi e dei controlli identificati nella SoA (8.3).
- Definizione del modo in cui misurare e valutare l'efficacia di tutti i controlli (9.1.b).
- Implementazione di programmi di consapevolezza e formazione (7.2 e 7.3), che si ricollega al

  Controllo A.7.2.2 ▬ consapevolezza, istruzione e formazione in tema di sicurezza delle informazioni.
- Gestione del SGSI (8.1). Tutti i controlli e i processi di interblocco devono essere mantenuti operativi e le nuove minacce devono essere identificate, valutate e, se necessario, neutralizzate. Il personale deve essere selezionato e addestrato, le loro prestazioni monitorate e le loro abilità sviluppate in linea con le mutevoli esigenze dell'azienda.
- Implementazione di una procedura di rilevamento degli incidenti e di risposta (10.1) che si ricollega al punto 16 dell'allegato A, gestione degli incidenti relativi alla sicurezza delle informazioni. Questo punto contiene diversi controlli che differenziano tra evento e incidente e definiscono come gestire la risposta.

CAPITOLO 15: APPROCCIO "CHECK AND ACT"

Il punto 9 della norma è dedicata al monitoraggio e al riesame. Esso richiede che la direzione sia attivamente coinvolta nella gestione a lungo termine del SGSI pur riconoscendo la realtà incontestabile che il contesto delle minacce alla sicurezza delle informazioni muta persino più rapidamente del contesto aziendale. Questo punto si occupa, in generale, di tre tipi di attività: monitoraggio, attività di auditing e attività di riesame.

Monitoraggio

Lo scopo dell'attività di monitoraggio è principalmente quello di rilevare rapidamente gli errori di elaborazione e gli eventi riguardanti la sicurezza delle informazioni in modo da poter apportare un'immediata azione correttiva. Il monitoraggio dovrebbe essere formale, sistematico e molto esteso. La categoria di sicurezza A.12.4 (raccolta di log e monitoraggio) contiene dei controlli che si riferiscono in maniera specifica al monitoraggio delle attività informatiche, e che sono collegati a questa parte della norma ISO27001. L'area di controllo A.16, gestione degli incidenti relativi alla sicurezza delle informazioni, riconosce inoltre che l'organizzazione deve effettuare il monitoraggio delle deviazioni e degli incidenti, rispondere a tali circostanze e imparare da esse.

Attività di auditing (o verifiche ispettive)

Si dovrebbero pianificare degli audit (o verifiche ispettive) per assicurare che i controlli documentati nella SoA siano efficaci e vengano effettivamente applicati, e per identificare eventuali non-conformità e opportunità di miglioramento. Gli obiettivi di controllo A.18.1 (conformità ai requisiti cogenti e contrattuali) e A.18.2 (riesami della sicurezza delle informazioni) si occupano in maniera specifica di questa problematica e impongono riesami di conformità regolari e pianificati ai livelli sia tecnico che di processo. L'obiettivo di controllo A.12.7 (considerazioni sull'audit dei sistemi informativi) si occupa dei requisiti di sicurezza per gli strumenti di audit. Il requisito dell'attività di auditing è descritto in maniera più approfondita al punto 9.2 della norma ISO27001, che stabilisce due importanti aspetti del processo:

- L'organizzazione 'dovrà pianificare, istituire, applicare e mantenere uno o più programmi di auditing, comprendente frequenza, metodi, responsabilità, requisiti di pianificazione e reporting'.[1]
- Il programma di audit 'dovrà prendere in considerazione l'importanza dei processi coinvolti e i risultati di audit precedenti'.[2]

La direzione a tutti i livelli dell'organizzazione ha un ruolo ben preciso da giocare ai fini della corretta applicazione, manutenzione e miglioramento del SGSI. Tutto ciò deve essere tenuto in debita considerazione nelle descrizioni delle mansioni direzionali o di vigilanza, nei contratti di lavoro, tirocinio e altro tipo di addestramento, e nelle valutazioni del rendimento.

Attività di riesame

Vengono intrapresi riesami delle politiche di audit interni e esterni, relazioni sulle prestazioni, report delle eccezioni, relazioni sulle valutazione dei rischi e tutte le politiche e le procedure associate per garantire che il SGSI continui a restare efficace nell'ambito del suo contesto in evoluzione.

I controlli dell'allegato A che sono direttamente pertinenti per questa fase del ciclo PDCA del SGSI sono:

- A.5.1.2 Riesame delle politiche per la sicurezza delle informazioni
- A.9.2.5: riesame dei diritti di accesso degli utenti
- A.12.4: La stessa 'raccolta di log e monitoraggio' come singolo obiettivo di controllo, correlato, ovviamente, alla raccolta di log e al monitoraggio, e contenente quattro controlli

---

[1] ISO/IEC 27001:2013, punto 9.2.c.
[2] Ibid.

- A.14.1: requisiti di sicurezza dei sistemi informativi, un obiettivo di controllo che di fatto si occupa di monitorare l'utilizzo delle applicazioni e l'elaborazione dei dati
- A.15.2.1: monitoraggio e riesame dei servizi dei fornitori
- A.16.1.6: apprendimento degli incidenti relativi alla sicurezza delle informazioni
- A.17.1.3: verifica, riesame e valutazione della continuità della sicurezza delle informazioni.
- A.18.2.1: riesame indipendente della sicurezza delle informazioni.

Tutti questi controlli devono essere affrontati in questa terza fase di sviluppo e attuazione del SGSI. I rilievi e i risultati delle attività di monitoraggio e di relazione devono essere tradotti in azione correttiva o di miglioramento e, ai fini del SGSI, la traccia di audit o *audit trail* a comprova del processo decisionale e dell'attuazione di tali decisioni dovrebbe essere conservata tra le registrazioni del SGSI.

Act - mantenere e migliorare il SGSI

Questa è una sezione breve che riflette la relativa brevità dei requisiti della sezione 6.1.1.c della norma ISO27001. Questo punto definisce il requisito, secondo il quale l'organizzazione si propone di conseguire il miglioramento continuo del SGSI. Esso si collega anche alla sezione 10 della norma, i cui due punti (10.1, non conformità e azioni correttive; e 10.2, miglioramento continuo) descrivono la natura e lo scopo dell'attività che deve essere parte integrante delle azioni quotidiane di chiunque sia coinvolto nella gestione ordinaria del SGSI.

CAPITOLO 16: RIESAME DELLA DIREZIONE

Il punto 9.3 della norma ISO27001 (e l'obiettivo di controllo A.18.2), che si occupa del riesame del SGSI da parte della direzione, sottolinea che il riesame della direzione dovrebbe prendere in considerazione 'il feedback sulla performance della sicurezza delle informazioni, comprese le dinamiche delle [...] non conformità e delle azioni correttive',[1] oltre a eventuali modifiche di qualunque tipo in grado di influire sul SGSI, insieme alle indicazioni per il miglioramento.

Va sottolineato che la priorità dell'azione correttiva e preventiva dovrebbe essere stabilita alla luce di una valutazione dei rischi.[2]

La norma ISO27001, al controllo A.18.2.1, richiede un 'riesame indipendente della sicurezza delle informazioni', che dovrebbe aver luogo a intervalli pianificati (oppure ogni qualvolta si verifichino dei cambiamenti significativi), e dovrebbe essere completa ('obiettivi di controllo, controlli, politiche, processi e procedure'). La certificazione di terze parti soddisferebbe questo requisito di controllo.

La determinazione e la valutazione dei rischi è una competenza chiave necessaria in qualsiasi organizzazione che desideri seriamente conseguire e mantenere una certificazione accreditata ISO27001 . È utile ricordare il punto che la prevenzione delle non conformità è spesso più economica rispetto all'azione correttiva, riassumendo in sé l'approccio proattivo, vantaggioso e *risk-based* della norma.

---

[1] ISO/IEC 27001:2013, 9.3.c.1.
[2] ISO/IEC 27001:2013, 6.1.2.e.2.

CAPITOLO 17: ALLEGATO A ISO27001

L'allegato A alla norma ISO/IEC 27001:2013 ha 14 punti o aree di controllo principali numerati da A.5 a A.18, ciascuno dei quali identifica uno o più obiettivi di controllo. Da ciascun obiettivo di controllo possono dipendere uno o più controlli. I controlli hanno numerazione progressiva.

Vi sono, in tutto, 114 sottopunti, tutti con numerazione alfanumerica.

L'allegato A è allineato alla norma ISO27002; ciò significa che sia nell'allegato A, sia nella norma ISO27002, gli obiettivi di controllo, i controlli, le numerazioni e le formulazioni corrispondono. Si osservi che 'l'obiettivo di controllo e i relativi obiettivi elencati nell'allegato A non sono esaustivi e possono essere necessari ulteriori obiettivi di controllo e relativi controlli.'[1] I 14 punti di controllo dell'allegato A (che non presenta i punti da 1 a 4) iniziano tutti con la lettera A e sono di seguito elencati.

- A5: Politiche per la sicurezza delle informazioni
- A6: Organizzazione della sicurezza delle informazioni
- A7: Sicurezza delle risorse umane
- A8: Gestione degli asset
- A9: Controllo degli accessi
- A10: Crittografia
- A11: Sicurezza fisica e ambientale
- A12: Sicurezza delle attività operative
- A13: Sicurezza delle comunicazioni
- A14: Acquisizione, sviluppo e manutenzione dei sistemi
- A15: Relazioni con i fornitori
- A16: Gestione degli incidenti relativi alla sicurezza delle informazioni
- A17: Aspetti relativi alla sicurezza delle informazioni nella gestione della continuità operativa

---

[1] ISO/IEC 27001:2013, 6.1.3.c, Nota 2.

- A18: Conformità

Allegato A Aree di controllo e controlli

Ciascun punto dell'allegato A tratta una o più categorie di sicurezza, e ogni categoria di sicurezza ha un obiettivo di controllo e uno o più controlli con la funzione di garantire tale obiettivo. I punti, le categorie di sicurezza, gli obiettivi di controllo e i nomi dei controlli sono indicati di seguito; i dettagli dei requisiti dei controlli si trovano nella norma, da acquisire e studiare.

Punto A5: Politiche per la sicurezza delle informazioni

5.1 **Indirizzi della direzione per la sicurezza delle informazioni:** fornire gli indirizzi e il supporto della direzione in accordo con i requisiti aziendali, con le leggi e con i regolamenti pertinenti

5.1.1 Politiche per la sicurezza delle informazioni

5.1.2 Riesame delle politiche per la sicurezza delle informazioni

Punto A6: Organizzazione della sicurezza delle informazioni

6.1 **Organizzazione interna** stabilire un framework gestionale per intraprendere e controllare l'attuazione e l'esercizio della sicurezza delle informazioni all'interno dell'organizzazione

6.1.1 Ruoli e responsabilità per la sicurezza delle informazioni

6.1.2 Separazione dei doveri

6.1.3 Contatti con le autorità

6.1.4 Contatti con gruppi specialistici

6.1.5 Sicurezza delle informazioni nella gestione dei progetti

6.2 **Dispositivi portatili e telelavoro:** garantire la sicurezza del telelavoro e nell'uso di dispositivi portatili

6.2.1 Politica per i dispositivi portatili

6.2.2 Telelavoro

Punto A7: Sicurezza delle risorse umane

7.1 **Prima dell'impiego:** assicurare che il personale e i collaboratori comprendano le proprie responsabilità e siano adatti a ricoprire i ruoli per i quali sono presi in considerazione

7.1.1 Screening

7.1.2 Termini e condizioni di impiego

7.2 **Durante l'impiego:** assicurare che il personale e i collaboratori siano a conoscenza delle loro responsabilità per la sicurezza delle informazioni e vi adempiano

7.2.1 Responsabilità della direzione

7.2.2 Consapevolezza, istruzione e formazione sulla sicurezza delle informazioni

7.2.3 Processo disciplinare

7.3 **Cessazione e variazione del rapporto di lavoro:** tutelare gli interessi dell'organizzazione come parte integrante del processo di variazione o di cessazione del rapporto di lavoro

7.3 Cessazione o variazione delle responsabilità durante il rapporto di lavoro:

Punto A8: Gestione degli asset

8.1 **Responsibilità per gli asset:** identificare gli asset dell'organizzazione e definire adeguate responsabilità per la loro protezione

8.1.1 Inventario degli asset

8.1.2 Responsabilità degli asset

8.1.3 Uso accettabile degli asset

8.1.4 Restituzione degli asset

8.2 **Classificazione delle informazioni:** assicurare che le informazioni ricevano un adeguato livello di protezione in linea con la loro importanza per l'organizzazione

8.2.1 Classificazione delle informazioni

8.2.2 Etichettatura delle informazioni

8.2.3 Trattamento degli assets

8.3 **Trattamento dei supporti:** prevenire la divulgazione non autorizzata, la modifica, la rimozione o la distruzione delle informazioni archiviate sui supporti

8.3.1 Gestione dei supporti rimovibili

8.3.2 Dismissione dei supporti

8.3.3 Trasporto dei supporti fisici

Punto A9: Controllo degli accessi

9.1 **Requisiti aziendali per il controllo degli accessi:** limitare l'accesso alle informazioni e ai servizi di elaborazione delle informazioni

9.1.1 Politica di controllo degli accessi

9.1.2 Accesso alle reti e ai servizi di rete

9.2 **Gestione degli accessi degli utenti:** assicurare l'accesso agli utenti autorizzati e prevenire accessi non autorizzati a sistemi e servizi.

9.2.1 Registrazione e de-registrazione degli utenti

9.2.2 Configurazione degli accessi utente

9.2.3   Gestione dei diritti di accesso privilegiato

9.2.4   Gestione delle informazioni segrete di autenticazione degli utenti

9.2.5   Riesame dei diritti di accesso utente

9.2.6   Eliminazione o adattamento dei diritti di accesso utente

9.3   **Responsabilità dell'utente:** responsabilizzare gli utenti alla salvaguardia delle loro informazioni di autenticazione

9.3.1   Utilizzo delle informazioni segrete di autenticazione

9.4   **Controllo degli accessi ai sistemi e alle applicazioni:** prevenire l'accesso non autorizzato a sistemi e applicazioni

9.4.1   limitazione dell'accesso alle informazioni

9.4.2   Procedure di accesso sicuro

9.4.3   Sistema di gestione delle password

9.4.4   Uso di programmi di utilità privilegiati

9.4.5   Controllo degli accessi al codice sorgente dei programmi

Punto A10: Crittografia

10.1   **Controlli crittografici:** assicurare un uso corretto ed efficace della crittografia per proteggere la riservatezza, l'autenticità e/o l'integrità delle informazioni

10.1.1   Politica sull'uso dei controlli crittografici

10.1.2   Gestione delle chiavi

Punto A11: Sicurezza fisica e ambientale

11.1 **Aree sicure:** prevenire l'accesso fisico non autorizzato, danni e disturbi alle informazioni dell'organizzazione e alle strutture di elaborazione delle informazioni

11.1.1 Perimetro di sicurezza fisica

11.1.2 Controlli di accesso fisico

11.1.3 Rendere sicuri uffici, locali e strutture

11.1.4 Protezione contro minacce esterne e ambientali

11.1.5 Lavoro in aree sicure

11.1.6 Aree di carico e scarico

11.2 **Apparecchiature:** prevenire la perdita, il danneggiamento, il furto o la compromissione di asset o l'interruzione delle attività operative dell'organizzazione

11.2.1 Disposizione delle apparecchiature e loro protezione

11.2.2 Infrastrutture di supporto

11.2.3 Sicurezza dei cablaggi

11.2.4 Manutenzione delle apparecchiature

11.2.5 Trasferimento degli asset

11.2.6 Sicurezza delle apparecchiature e degli asset all'esterno delle sedi

11.2.7 Dismissione sicura o riutilizzo delle apparecchiature

11.2.8 Apparecchiature incustodite degli utenti

11.2.9 Politica di schermo e scrivania puliti

Punto A12: Sicurezza delle attività operative

12.1 **Procedure operative e responsabilità:** assicurare che le attività operative delle strutture di elaborazione delle informazioni siano corrette e sicure

12.1.1 Procedure operative documentate

12.1.2 Gestione dei cambiamenti

12.1.3 Gestione delle capacità

12.1.4 Separazione degli ambienti di sviluppo, test e produzione

12.2 **Protezione dal malware:** assicurare che le informazioni e le strutture preposte alla loro elaborazione siano protette contro il malware

12.2.1 Controlli contro il malware

12.3 **Backup:** proteggere dalla perdita di dati

12.3.1 Backup delle informazioni

12.4 **Raccolta di log e monitoraggio:** registrare eventi e generare evidenze

12.4.1 Raccolta di log degli eventi

12.4.2 Protezione delle informazioni di log

12.4.3 Log di amministratori e operatori

12.4.4 Sincronizzazione degli orologi

12.5 **Controllo del software di produzione:** assicurare l'integrità del software di produzione

12.5.1 Installazione del software sui sistemi di produzione

12.6 **Gestione delle vulnerabilità tecniche:** prevenire lo sfruttamento di vulnerabilità tecniche

12.6.1 Gestione di vulnerabilità tecniche

12.6.2 Limitazioni all'installazione del software

12.7 **Considerazioni sull'audit dei sistemi informativi:** minimizzare l'impatto delle attività di audit sui sistemi di produzione

12.7.1 Controlli per l'audit dei sistemi informativi

Punto A13: Sicurezza delle comunicazioni

13.1 **Gestione della sicurezza della rete:** assicurare la protezione delle informazioni nelle reti e i suoi servizi d'elaborazione dati di supporto

13.1.1 Controlli di rete

13.1.2 Sicurezza dei servizi di rete

13.1.3 Segregazione nelle reti

13.2 **Trasferimento delle informazioni:** mantenere la sicurezza delle informazioni trasferite sia all'interno di un'organizzazione sia a qualsiasi entità esterna

13.2.1 Politiche e procedure per il trasferimento delle informazioni

13.2.2 Accordi per il trasferimento delle informazioni

13.2.3 Messaggistica elettronica

13.2.4 Accordi di riservatezza o di non-divulgazione

Punto A14: Acquisizione, sviluppo e manutenzione dei sistemi

14.1 **Requisiti di sicurezza dei sistemi informativi:** assicurare che la sicurezza delle informazioni sia parte integrante di tutto il ciclo di vita dei sistemi informativi. Quanto sopra comprende anche i requisiti specifici per i sistemi informativi che erogano servizi attraverso reti pubbliche

14.1.1 Analisi e specifica dei requisiti per la sicurezza delle informazioni

14.1.2 Sicurezza dei servizi applicativi su reti pubbliche

14.1.3 Protezione delle transazioni dei servizi applicativi

14.2 **Sicurezza nei processi di sviluppo e supporto:** assicurare che la sicurezza delle informazioni sia progettata e attuata all'interno del ciclo di sviluppo dei sistemi informativi

14.2.1 Politica per lo sviluppo sicuro

14.2.2 Procedure per il controllo delle modifiche di sistema

14.2.3 Riesame tecnico delle applicazioni in seguito a modifiche nelle piatteforme operative

14.2.4 Limitazioni ai cambiamenti dei pacchetti software

14.2.5 Principi per l'ingegnerizzazione sicura dei sistemi

14.2.6 Ambiente di sviluppo sicuro

14.2.7 Sviluppo affidato all'esterno

14.2.8 Test di sicurezza dei sistemi

14.2.9 Test di accettazione dei sistemi

14.3 **Dati di test:** assicurare la protezione dei dati usati per il test

14.3.1 Protezione dei dati di test

Punto A15: Relazioni con i fornitori

15.1 **Sicurezza delle informazioni nelle relazioni con i fornitori:** assicurare la protezione degli asset dell'organizzazione accessibili da parte dei fornitori

15.1.1 Politica per la sicurezza delle informazioni nei rapporti con i fornitori

15.1.2 Indirizzare la sicurezza all'interno degli accordi con i fornitori

15.1.3 Filiera di fornitura per l'ITC (Information and Communication Technology)

15.2 **Gestione dell'erogazione dei servizi dei fornitori:** mantenere un livello concordato di sicurezza delle informazioni ed erogazione dei servizi in linea con gli accordi con i fornitori

15.2.1 Monitoraggio e riesame dei servizi dei fornitori

15.2.2 Gestione dei cambiamenti ai servizi dei fornitori

Punto A16: Gestione degli incidenti relativi alla sicurezza delle informazioni

16.1 **Gestione degli incidenti relativi alla sicurezza delle informazioni e dei miglioramenti:** assicurare un approccio coerente ed efficace per la gestione degli incidenti relativi alla sicurezza delle informazioni, incluse le comunicazioni relative agli eventi di sicurezza e ai punti di debolezza

16.1.1 Responsabilità e procedure

16.1.2 Segnalazione degli eventi relativi alla sicurezza delle informazioni

16.1.3 Segnalazione dei punti di debolezza relativi alla sicurezza delle informazioni

16.1.4 Valutazione e decisione sugli eventi relativi alla sicurezza delle informazioni

16.1.5 Risposta agli incidenti relativi alla sicurezza delle informazioni

16.1.6 Apprendimento dagli incidenti relativi alla sicurezza delle informazioni

16.1.7 Raccolta di evidenze

Punto A17: Aspetti relativi alla sicurezza delle informazioni nella gestione della continuità operativa

17.1 **Continuità della sicurezza delle informazioni:** la continuità della sicurezza delle informazioni deve essere integrata nei sistemi per la gestione della continuità operativa dell'organizzazione

17.1.1 Pianificazione della continuità della sicurezza delle informazioni

17.1.2 Attuazione della continuità della sicurezza delle informazioni

A.17.1.3: verifica, riesame e valutazione della continuità della sicurezza delle informazioni.

17.2 **Ridondanze:** assicurare la disponibilità delle strutture per l'elaborazione delle informazioni

17.2.1 Disponibilità delle strutture per l'elaborazione delle informazioni

Punto A18: Conformità

18.1 **Conformità ai requisiti cogenti e contrattuali:** evitare violazioni a obblighi cogenti, normativi, legali o contrattuali relativi alla sicurezza delle informazioni e di qualsiasi requisito di sicurezza

18.1.1 Identificazione della legislazione applicabile e dei requisiti contrattuali

18.1.2 Diritti di proprietà intellettuale

18.1.3 Protezione delle registrazioni

18.1.4 Privacy e protezione dei dati personali

18.1.5 Regolamentazione sui controlli crittografici

18.2 **Riesami della sicurezza delle informazioni:** assicurare che la sicurezza delle informazioni sia attuata e gestita in conformità alle politiche e alle procedure aziendali

18.2.1 Riesame indipendente della sicurezza delle informazioni

18.2.2 Conformità alle politiche e alle norme per la sicurezza

18.2.3 Verifica tecnica della conformità

RISORSE SU ITG

IT Governance Ltd ricerca, crea e offre prodotti e servizi che soddisfino le crescenti e concrete esigenze legate alla IT Governance di organizzazioni, amministratori, manager e professionisti della vita odierna.

Il sito web ITG (*www.itgovernance.eu*) è lo sportello unico internazionale per informazioni di *Corporate* e *IT Governance*, consulenza, orientamento, libri, strumenti e formazione.

www.itgovernance.eu/iso27001 è la pagina informativa del sito web dedicata alle risorse per la sicurezza delle informazioni.

Altri siti internet

I volumi e gli strumenti pubblicati da IT Governance Publishing (ITGP) sono reperibili presso tutte le librerie commerciali e sono immediatamente disponibili anche presso i seguenti siti Web:

www.itgovernance.co.uk
www.itgovernanceusa.com
www.itgovernance.asia
www.itgovernancesa.co.za

Toolkit

L'esclusiva gamma di toolkit offerta da ITG comprende l'IT Governance Framework Toolkit, con tutti gli strumenti e le linee guida necessarie per sviluppare e attuare un framework di IT Governance per la vostra organizzazione.

Per una relazione gratuita sulle modalità di utilizzo del Calder-Moir IT Governance Framework proprietario, e per una versione gratuita del toolkit, visita *www.itgovernance.eu/free_trial*.

È disponibile inoltre una vasta gamma di toolkit volti a semplificare l'attuazione dei sistemi di gestione, come un SGSI ISO/IEC 27001 o un SGCO ISO/IEC 22301, tutti visionabili e acquistabili online su *www.itgovernance.eu*.

Servizi di formazione

IT Governance offre una ampio portafoglio di corsi di formazione progettati per formare professionisti nel campo della sicurezza delle informazioni, IT Governance, gestione dei rischi e conformità. I nostri programmi di formazione online e in aula ti aiuteranno a sviluppare le abilità necessarie perché la tua organizzazione possa conseguire la conformità e le relative *best practice*. Tali programmi accresceranno le tue prospettive di carriera offrendoti certificazioni di conformità alle normative di settore e un più ampio riconoscimento professionale da parte della categoria. La nostra rosa di corsi offre un percorso formativo strutturato dal livello base all'avanzato sulle tematiche chiave della sicurezza delle informazioni, IT Governance, gestione della continuità operativa e gestione dei servizi.

La ISO/IEC 27001:2013 è la norma internazionale di gestione che aiuta le aziende e le organizzazioni di tutto il mondo a sviluppare il migliore sistema di gestione della sicurezza delle informazioni nella sua categoria. La conoscenza e l'esperienza nel campo del conseguimento e del mantenimento della conformità a ISO27001 sono considerati essenziali per costruire la propria carriera e affermarsi nel campo della sicurezza delle informazioni. Abbiamo il primo programma al mondo di formazione certificata ISO27001 con corsi di Base, corsi di formazione per Lead Implementer, Gestione dei rischi e Lead Auditor. Tutti i corsi sono concepiti per fornire ai delegati le conoscenze e le competenze necessarie e una qualifica riconosciuta nel settore conferita dall'International Board for IT Governance Qualifications (IBITGQ).

Per tutti i dettagli sui corsi di formazione di IT Governance visitare il sito *www.itgovernance.eu/training*.

Consulenza e servizi professionali

Il tuo intento di colmare le lacune critiche in materia di sicurezza sarà ampiamente favorito dall'assistenza prestata dai consulenti di IT Governance, i quali hanno offerto la loro consulenza a centinaia di responsabili della sicurezza delle informazioni in materia di adozione di sistemi di gestione della sicurezza delle informazioni (SGSI) secondo la norma ISO27001.

Gli asset, la sicurezza e i sistemi di dati dell'organizzazione, per non parlare della sua reputazione, sono tutti nelle tue mani. Una grave violazione della sicurezza potrebbe avere effetti disastrosi. La consulenza e il supporto tempestivo degli esperti di IT Governance ti consentirà di identificare le minacce, valutare i rischi e mettere in atto i necessari controlli prima che si verifichi un incidente.

Noi di IT Governance comprendiamo che informazioni, sicurezza delle informazioni e Information Technology sono sempre problematiche riguardanti l'intera azienda, e non solo la sua divisione informatica. I nostri servizi di consulenza ti assisteranno nella gestione delle strategie di sicurezza delle informazioni in sintonia con gli obiettivi aziendali, inviando ai colleghi le corrette informazioni a supporto del processo decisionale.

Per ulteriori informazioni sulla IT Governance Consultancy, visita il sito: *www.itgovernance.eu/consulting*.

Servizi editoriali

IT Governance Publishing (ITGP) è il marchio editoriale IT-GRC leader al mondo, interamente controllato da IT Governance Ltd.

Con le nostre pubblicazioni e gli strumenti riguardanti tutti i framework di IT Governance, rischio e conformità, siamo l'editore di riferimento tanto per gli autori che per i distributori realizzando pubblicazioni pratiche ma al tempo stesso esclusive e pregiate, di preziosa utilità per i nostri lettori, nei formati più recenti.

www.itgovernancepublishing.co.uk è il sito internet dedicato a ITGP che consente ad autori, distributori, lettori e altri interessati presenti e futuri di accedere più facilmente ad ulteriori informazioni. Ciò permette ai visitatori del sito ITGP di restare sintonizzati con le ultime novità e pubblicazioni.

Newsletter

La IT Governance è uno degli argomenti più scottanti del momento nel business, non da ultimo perché è anche quello che si evolve più rapidamente.

Per rimanere sempre aggiornato sugli ultimi sviluppi nel settore della IT Governance in tutti i suoi aspetti, tra cui gestione dei rischi, sicurezza dell'informazione, Information Technology Infrastructure Library (ITIL) e gestione dei servizi IT, Project Governance, conformità e tanto altro, registrati al servizio di alert via email offerto da ITG per ricevere notizie sulle pubblicazioni e sugli argomenti di maggiore interesse.

Visita il nostro centro di registrazione e seleziona in base alle tue preferenze: *www.itgovernance.eu/daily-sentinel*.

EU for product safety is Stephen Evans, The Mill Enterprise Hub, Stagreenan, Drogheda, Co. Louth, A92 CD3D, Ireland. (servicecentre@itgovernance.eu)

www.ingramcontent.com/pod-product-compliance
Lightning Source LLC
Chambersburg PA
CBHW071552080326
40690CB00056B/1798